AF394628

Secretos de Expertos – Gestión del Tiempo

La Guía Definitiva para Aprender a Dejar la Adicción, la Pereza y la Postergación, Desarrollar los Hábitos Diarios, la Concentración, la Productividad, la Auto-Disciplina y las Habilidades de Autoconciencia.

Terry Lindberg

Tabla de Contenido

¿Quién es Terry Lindberg?

Hola, y gracias por comprar una copia de "Secretos de Expertos - Serie de Auto-Ayuda". Para todos ustedes que no saben quién soy, me llamo Terry Lindberg, un psicólogo galardonado y autor de la serie de Secretos de Expertos – Auto Ayuda. He dedicado +30 años de mi vida entera a innovar en el campo de la psicología y la auto-ayuda para mejorar mi vida y la de otros miles de personas en todo el mundo, desde los mejores directores ejecutivos de su área hasta los mejores atletas, e incluso personas normales. Lo único que puedo decir de todos con los que he trabajado es que ven cambios dramáticos en sus vidas siguiendo mis enseñanzas. Mis enseñanzas les ayudan a atravesar barreras que nunca pensaron que podrían superar. En la mayoría de los casos, el mismo resultado ocurre; son testigos de un apagón en su mente, mostrándoles que el cerebro humano es mucho más poderoso de lo que jamás podrían pensar que era. A lo largo de los +30 años de mi vida estudiando en el campo de la psicología y la auto-ayuda, he adquirido sabiduría y experiencias únicas de las personas con las que he trabajado y a las que he entrevistado. La gran cantidad de conocimiento que he ganado es todo lo que les voy a transmitir en este libro. Esta guía no es como cualquier otro libro de auto-ayuda que existe, ya que para ser honesto el 99% de los libros de auto-ayuda en el mercado ni siquiera están hechos por alguien dentro del campo. Se han asociado con un escritor fantasma para producir el contenido del libro, y luego lo han empaquetado y comercializado como si hubiera sido hecho por alguien que tiene experiencia en ese tema. La información que compartiré con ustedes tiene una prueba de concepto y realmente les ayudará en cualquier punto de su viaje. ¿Has oído hablar de la teoría "La pepita de oro" al leer un libro? Esta teoría significa que un libro entero podría ser irrelevante para el tema, pero aún así podría haber una "Pepita de Oro" de información que podría cambiar la vida. Debido a esta teoría, quiero que estén preparados y se aseguren de que a lo largo de todo el libro tenga toda su atención. Por cierto, si no notaron que la frase anterior decía "la" espalda con espalda, no están prestando suficiente atención. Dejen todo lo que están haciendo, concéntrense y prepárense para tomar notas. Puede que estés a una sola frase de cambiar tu vida para siempre.

Si aprendes o te gusta algo del contenido, lo habrás consumido cuando hayas terminado. Una revisión honesta siempre es apreciada por ayudarme a hacer un mejor contenido en el futuro.

Ahora empecemos...

Introducción

¿Parece que siempre se te acaba el tiempo, no consigues hacer todo lo que necesitas y te quedas corto en tus objetivos? Puede que estés sufriendo una mala gestión del tiempo. Pero probablemente ya te has dado cuenta y por eso estás aquí. Estás buscando una solución que sabes que existe, y yo estoy aquí para ayudarte.

No importa en qué momento de tu vida te encuentres, si no sabes mucho sobre la administración del tiempo o si has estado implementando habilidades de administración del tiempo y ahora estás buscando maneras de mejorar y obtener más de ti mismo. Tú puedes hacerlo. Puedes lograr una óptima administración del tiempo para alcanzar tus metas, ser más productivo y obtener lo que realmente quieres de la vida.

Dentro de este libro está todo lo que necesitas saber sobre cómo potenciarte y permitirte lograr más a través de la administración del tiempo. Voy a impartir mi conocimiento tanto de los métodos y técnicas de nivel básico como de los más avanzados para ayudarte a aprender o mejorar las habilidades que necesitas para administrar tu tiempo.

Cuando haya terminado con este libro, tendrá el conocimiento para poner en práctica las habilidades efectivas de administración del tiempo que he pasado años estudiando y perfeccionando. Podrás dar un giro a tu vida y administrar no sólo tu tiempo sino también a ti mismo de manera efectiva para que puedas alcanzar las metas que te propongas.

La administración del tiempo es una parte fundamental de la vida de toda persona exitosa. No podrían haber llegado a donde están sin implementar habilidades probadas para desarrollar y mejorar la forma en que administran su tiempo. Cuando aprendas a administrar tu tiempo apropiadamente, el éxito y la realización personal seguirán. Aprenderás a frenar la pereza y a eliminar la postergación de tu vida. Te darás cuenta de que realmente tienes suficiente tiempo para lograr todo lo que quieres y no te verás afectado por la cantidad de estrés que muchas personas con poca experiencia en el manejo del tiempo experimentan. En este libro cubriré los muchos beneficios que una buena administración del tiempo trae consigo para que puedas dar lo mejor de ti.

Muchas personas que han buscado mi guía y ayuda han pasado incontables horas y muchas veces más que el costo de este libro sólo para poder aprender las mismas cosas que tú quieres aprender leyendo este libro. Les he enseñado exactamente lo que voy a enseñarles en esta guía. Los llevaré en ese mismo viaje a ser más productivos, a trabajar más inteligentemente y no más difícil, y a lograr todo lo que quieren lograr en la vida, ya sea personal o profesional. Los métodos que les enseñaré son sencillos y extremadamente fáciles de aprender e implementar en su vida diaria; nadie se dará cuenta de lo que han cambiado, pero se sentarán y se darán cuenta del cambio a través de su éxito.

¿Alguna vez has oído el dicho de que "¿El tiempo es lo que más queremos, pero lo que peor utilizamos"? Si lo has hecho, sabrás que es verdad. Si no has escuchado ese dicho, piensa en ello por un momento y piensa en tu vida y en cómo puedes poner tu vida en el contexto de ese dicho. Si no fueras capaz de identificarte con ese dicho, no estarías leyendo este libro. Todos queremos tiempo, pero no todos lo manejamos de manera efectiva y dejamos que se nos escape, y ese es un tiempo que nunca podremos recuperar. Una vez que se ha ido, se ha ido para siempre. La vida ya es bastante corta. ¿Realmente tienes tiempo para desperdiciarlo dejando que se te escape? No, ninguno de nosotros lo tiene. Por eso es tan importante aprender a administrar el tiempo de manera más efectiva para aprovechar al máximo el tiempo y lograr más en la vida.

Por eso es que necesitas tomarte el tiempo para leer este libro, ahora. Cuanto más esperes, más tiempo dejarás pasar. Las técnicas y habilidades que aprenderás de mí leyendo o escuchando este libro son efectivas y dan los resultados deseados, garantizados. Cada palabra de cada capítulo ha sido escrita para ayudarle a aprovechar al máximo su gestión del tiempo a través de pasos que son fácilmente accionables y repetibles. Siga mi guía a prueba de fallos, a partir de hoy, y ya no mirará atrás a lo que no ha logrado, sino que sólo esperará el próximo objetivo que se ha propuesto alcanzar.

Capítulo 1: ¿Qué es la Gestión del Tiempo?

Para entender realmente la gestión del tiempo, primero hay que entender el aspecto más importante del mismo, y es que es imposible. El término gestión del tiempo es engañoso. Nos engaña al creer que podemos administrar el tiempo, pero no es así. El tiempo no es tu empleado, no puedes hacer que haga lo que quieres que haga, y simplemente hace lo suyo a su propio ritmo. La gestión del tiempo, por lo tanto, no se trata realmente del tiempo en sí mismo, en absoluto.

Mientras que los astrónomos pueden extrapolar que el tiempo es interminable y continuará para siempre, el tiempo en la realidad humana es finito. Sólo tenemos una cierta cantidad de él. No se puede hacer tiempo para hacer algo. No se puede acelerar o ralentizar el tiempo. No puedes tomarte un tiempo aquí y añadirlo en otro lugar más tarde, y no puedes manejar el tiempo en sí mismo. Sin embargo, lo que sí puedes hacer es administrarte a ti mismo y cómo pasas tu tiempo.

Una vez que entienda el concepto de gestión del tiempo como administrarse a sí mismo y lo que hace con su tiempo, dejará de culpar al tiempo. Empiezas a entender que necesitas mirarte a ti mismo para saber adónde va tu tiempo y cómo administrarte para sacarle el máximo provecho, y ahí es donde empieza la verdadera magia. Sólo una vez que esa moneda caiga, puedes hacerte responsable y hacer cambios efectivos que se mantendrán a largo plazo.

El manejo del tiempo es un conjunto de habilidades y una metodología. El concepto gira en torno a la planificación de cómo emplear tu tiempo y controlar conscientemente la cantidad de tiempo que te permites dedicar a las tareas. El objetivo específico es impulsar la productividad, hacerte más efectivo y aumentar tu eficiencia.

Principios Clave para la Gestión del Tiempo

La gestión eficaz de sí mismo dentro del período de tiempo que tiene a su disposición se basa en un par de principios clave.

* Establecimiento de objetivos
* Planificación
* Organizando
* Priorizar
* Enfoque
* Delegación
* Eliminando las distracciones
* Decir no
* Auto-cuidado

Cada uno de estos pilares ayudará a apoyar su sistema de gestión del tiempo, y cubriremos cada uno de ellos a su vez en este libro. Antes de hacerlo, hay una importante consideración a tener en cuenta.

Habilidades Fundamentales para el Manejo del Tiempo

¿Con cuántas herramientas de gestión del tiempo se ha topado en su búsqueda de esa única respuesta que realmente funcione para ayudarle a dominar la gestión de su tiempo de manera efectiva? Hay cientos disponibles en una multitud de plataformas de medios, desde libros electrónicos y software de computadora hasta aplicaciones para teléfonos móviles que puede descargar. Cada una de ellas afirma ser la solución ideal, pero todas se equivocan en algo.

La gestión del tiempo es algo más que un simple truco de la vida para pasar el día. Todas estas herramientas suponen que todo el que las lee, las descarga y las utiliza ya tiene las habilidades necesarias para que la herramienta sea efectiva. Necesitas entender el manejo del tiempo, y ya debes poseer las habilidades necesarias antes de usar las herramientas, de lo contrario no te van a ayudar.

Piensa en ello como si nunca hubieras freído un huevo, pero como has invertido en una cocina impresionante con el mejor equipo y los ingredientes más frescos, crees que ahora puedes cocinar como un chef de cinco estrellas. Desafortunadamente, no puedes. Necesitas poseer el conocimiento y las habilidades necesarias antes de poder hacer una perfecta crème brûlée en esa cocina de élite.

Este libro es diferente. Te diré qué habilidades necesitas desarrollar y dominar y cómo empezar a trabajar en ellas. Entonces, ¿qué habilidades necesitas para ayudar a construir tu habilidad para manejarte a ti mismo y a tu tiempo de manera efectiva?

Concienciación: Necesitas ser consciente del tiempo como un activo finito en todo momento y pensar de forma realista sobre él como tal. Aprende a ser consciente de tu tiempo, de que pasa constantemente y de cuánto tienes. La conciencia te ayudará a descubrir hacia dónde se dirige tu tiempo, dónde lo pierdes innecesariamente y cómo utilizarlo mejor en el futuro.

Organización: Ser capaz de organizarse a sí mismo y a su vida le ayudará a organizar sus prioridades y objetivos y a planificar el futuro. Te permite decidir cómo utilizar mejor el tiempo que tienes de acuerdo a cómo has organizado las cosas que hay que hacer.

Adaptabilidad: La administración del tiempo no se trata de poner un plan rígido en su lugar. Se trata de ser flexible. La conciencia llevará a la organización; la organización llevará a que todo fluya sin problemas. La adaptabilidad le permitirá manejarse a sí mismo frente a tener que cambiar sus prioridades o lidiar con las interrupciones.

Cómo Desarrollar la Conciencia

Descubre tu momento más productivo del día dividiendo tu tiempo en bloques durante el día. Toma conciencia de tu nivel de productividad durante cada bloque de tiempo. En el transcurso de una semana, puedes determinar con precisión en qué momentos del día eres más productivo. Esto te ayudará a programar tus tareas más importantes durante tus momentos más productivos.

Dicen que "el tiempo es dinero", así que aprende a tratar tu tiempo como dinero y esto te ayudará a desarrollar una conciencia de lo precioso que es. Presupuesten su tiempo de acuerdo a lo que deben hacer y lo que quieren hacer. Esto es similar a como presupuestarías los artículos esenciales versus los no esenciales cuando elaboras un presupuesto financiero mensual.

Calcula tu tiempo de acuerdo al tiempo que te ha tomado completar una tarea versus enfocarse en el tiempo que te queda para completarla. Hacerlo le ayudará a ser consciente del tiempo presente y no a mantenerlo enfocado en el tiempo futuro.

Observa de manera realista cuánto tiempo te ha llevado completar una tarea que tiene una fecha límite específica versus el tiempo que pensabas que te llevaría. Ser consciente de sus capacidades en tiempo real en lugar de sobrepresupuestar el tiempo le permitirá presupuestar cómodamente más tiempo del que tiene, haciéndole más eficiente.

Piensa en el tiempo que tienes en el futuro y cómo lo que estás haciendo ahora beneficia o impacta negativamente ese tiempo. ¿Trabajar en una tarea hoy va a aliviar parte de la presión que lleva a la fecha límite de la semana que viene? ¿Trabajar en esa tarea hoy va a impactar negativamente en la agenda de mañana al poner más presión de tiempo en ti para esas tareas que se deben hacer al día siguiente? Ser consciente de cómo lo que estás haciendo ahora afecta al mañana y aún más en el futuro te ayudará a tomar mejores decisiones sobre la priorización.

Si sientes que una tarea está tardando demasiado en completarse, da un paso atrás y mírala objetivamente en términos de su importancia. Puede que tengas que volver a priorizar tus tareas y terminar ésta más tarde si necesitas hacer otras cosas con más urgencia.

Cómo desarrollar Habilidades de Organización

Prioriza tus tareas en lugar de hacer una lista de tareas generales. (Les enseñaré todo sobre priorizar en un capítulo propio.)

Aprendan que la urgencia y la importancia no son una y la misma. Las tareas urgentes necesitan atención inmediata. Las tareas importantes pueden no ser urgentes, pero pueden tener marcadas consecuencias futuras. Priorizar correctamente las tareas urgentes e importantes ayudará a que las cosas fluyan más fácilmente.

Utilice un planificador, un calendario o una aplicación de calendario para anotar las citas y las fechas de vencimiento tan pronto como se confirmen. No pierda el rastro de ellas ya que esto crea confusión y la confusión lleva al caos.

Utilice la misma aplicación de calendario para programar el tiempo que está bloqueado de todas las demás obligaciones. Dedique este tiempo a sus tareas importantes sin interrupción.

Mantenga el barco ordenado. Si su entorno está desorganizado, su organización en relación con la gestión del tiempo también sufrirá. Mantén todo ordenado, limpio y en su lugar.

Mejora tu auto-disciplina para que te mantengas organizado y sigas tu plan de gestión del tiempo.

Cómo Desarrollar la Adaptabilidad

Vincula tu sistema de gestión del tiempo a los hábitos diarios que ya tienes en marcha, como repasar el horario del día siguiente al acostarte por la noche. La adaptabilidad es algo más que ser capaz de manejar el cambio. Se trata de formar hábitos que traigan orden y paz a tu vida para que estés más tranquilo y mejor preparado cuando las cosas cambien.

Cuando las tareas son grandes y la postergación está en el horizonte, apliquese en ráfagas cortas de máxima concentración y esfuerzo durante hasta 30 minutos en un tramo antes de tomar un descanso. Después del descanso, hazlo todo de nuevo.

Cuando use recordatorios, incluya detalles para que siempre sepa lo que se está recordando y no se confunda. Es más fácil adaptarse a los cambios si sabes exactamente lo que está pasando en todo momento. Las notas vagas pueden dejarte asustado cuando intentas recordar exactamente de qué se trata.

Aprender a improvisar es un gran positivo para la gestión del tiempo. Ser capaz de pensar de pie y hacer cambios rápidamente te ayudará a superar los obstáculos más fácilmente. Intenta esto con pequeños pasos al principio. Cambie algunos planes de fin de semana o acepte esa invitación a una reunión de último minuto. Empieza con cosas sin importancia y aumenta tu confianza y capacidad de improvisar sobre la marcha.

Cree planes de respaldo considerando tanto el peor como el mejor de los escenarios relacionados con una tarea y sus resultados. Prepárate para cualquiera de los dos escenarios para que no te descarrile en ningún momento de la tarea, pase lo que pase.

Cambie su actitud de una que teme el cambio a una que es positiva. Cree que puedes hacerlo. La positividad impacta enormemente en tu capacidad de afrontar el cambio y te ayuda a concentrarte en hacer las cosas.

Capítulo 2: ¿Por qué es Importante la Gestión del Tiempo?

La gestión del tiempo quedó relegada en su día al mundo laboral y empresarial, donde demostró ser una habilidad vital para la productividad y la eficiencia. Sin embargo, el concepto de ser capaz de manejarse mejor a sí mismo y al tiempo que tiene se ha extendido a las esferas personales de nuestras vidas. Nuestras vidas están cada vez más ocupadas, estamos tratando de encajar más, hacer más, lograr más en nuestra vida personal, así como profesionalmente. La gestión del tiempo te ayudará a hacer todo eso en todas las facetas de tu vida.

Hay varias razones por las que la gestión del tiempo es fundamental no sólo para su éxito, sino también para su felicidad general.

Trabajando más Inteligente, No Más Duro

Gestionarse de manera más eficaz dentro del período de tiempo dado que se tiene para cumplir una tarea contribuye a desarrollar una mayor capacidad de concentración. Una mejor concentración le permite realizar las tareas más rápido y con menos esfuerzo que cuando las distracciones le quitan tiempo, desbaratando su impulso. Esto también conduce a una mayor productividad y eficiencia, y a una mayor calidad del trabajo que se produce.

Mejora de la Toma de Decisiones

Estar estresado y quedarse sin tiempo no favorece la toma de buenas decisiones. Cuando te manejas con eficacia, tienes suficiente tiempo para completar las tareas. Esto te permite pensar más claramente. Pensar con claridad en ausencia de presión resulta en una mejor capacidad para tomar mejores decisiones.

Éxito Profesional

No importa lo que quieras lograr, ya sea una meta personal o la gestión del tiempo relacionado con la carrera es tu clave para desbloquear el éxito. Las personas con más experiencia se dan cuenta cuando logran sus objetivos de manera más efectiva en menos tiempo, mejoran la toma de decisiones y ejercen más control sobre sí mismos durante el tiempo que tienen. Tus oportunidades de progreso aumentarán.

Reducción del Estrés

Administrar tu tiempo de manera efectiva te pone en control. Cuando tienes el control, tienes confianza, calma y piensas con más claridad. No hay una presión abrumadora que te esté presionando. Todo esto contribuye a un menor nivel de estrés y ansiedad, lo que a su vez es bueno para su salud en general.

Desarrollando la Auto-Disciplina

Quienes comienzan su viaje hacia una gestión eficiente del tiempo pueden estar cometiendo errores, distrayéndose, postergando, todo lo cual repercute negativamente en sus esfuerzos. El desarrollo de la auto-disciplina mediante la adhesión a su sistema de gestión del tiempo ayudará a eliminar la postergación y a reducir la tentación de las distracciones. La auto-disciplina es una parte crucial de ser capaz de hacer las cosas. Mientras que necesitas algo de auto-disciplina para un manejo efectivo del tiempo, aprender a manejarte a ti mismo mejorará la auto-disciplina.

Liberar el Tiempo Libre

El incumplimiento de plazos, las distracciones que le roban su tiempo, el apilar demasiado en su gestión de tiempo puede dejarlo con muy poco tiempo para usted. El auto-cuidado es un principio importante de la gestión del tiempo. Sin el auto-cuidado, su bienestar general sufre, con un efecto secundario negativo en el mantenimiento de su sistema de gestión del tiempo. Ser capaz de administrarte a ti mismo, tu tiempo, y hacer las cosas en menos tiempo libera el tiempo que de otra manera habrías estado perdiendo. Este tiempo libre se puede utilizar para el auto-cuidado y es precioso y necesario.

Relaciones más Ricas

Lo creas o no, el manejo efectivo del tiempo ayuda a construir mejores relaciones. Cuando usted está menos estresado, es menos probable que se burle de su pareja, está menos irritable y no saca conclusiones tan fácilmente. Cuando no está pasando todo su tiempo haciendo algo que podría llevarle una fracción de ese tiempo, puede pasar más tiempo de calidad con sus seres más cercanos y queridos. La gestión del tiempo ayuda a mejorar sus relaciones en el trabajo, en casa, con la familia y con los amigos.

Como puede ver, la administración efectiva del tiempo es vital para hacer más en el tiempo que tiene, pero sus efectos llegan más lejos. Se trata de su éxito personal y profesional en general, su salud y bienestar, su felicidad y su realización en la vida.

Capítulo 3: Establecimiento de Objetivos

Todo el mundo tiene metas, cosas que aspiran y quieren lograr. Sin embargo, si no te fijas metas de manera efectiva, no tienes forma de trabajar para alcanzarlas. Cuando te fijas metas, no importa cuáles sean o si son personales o profesionales, sigue estos conceptos para el éxito.

Objetivos de Motivación

Los objetivos que te fijas deben motivarte para alcanzarlos. Si no te interesa el resultado final, ¿por qué deberías trabajar para lograr ese objetivo? Establece objetivos que te mantengan motivado haciéndolos personales para ti. Para ayudarte más, anota por qué el objetivo es importante para ti y luego piensa en lo que dirías para convencer a los demás de que vale la pena el esfuerzo de alcanzar ese objetivo. Puedes mirar hacia atrás como motivación para ayudarte a mantenerte en el camino.

Objetivos INTELIGENTES

Cuando hablamos de establecer metas "inteligentes", no estamos diciendo necesariamente que haya metas estúpidas. Nos referimos a un sistema de fijación de objetivos que los hace más alcanzables.

Usando la palabra "inteligente", establecer objetivos que son:

Específicamente

Medible

Alcanzable

Relevante

Cronometrado

Los objetivos específicos se establecen claramente y se definen en detalle. Cuando se establece un objetivo vago, no se tiene suficiente visión o dirección para alcanzarlo. Haz que alcanzar tu objetivo sea más fácil siendo lo más específico y detallado posible sobre ese objetivo.

Las metas medibles te ofrecen la oportunidad de mantenerte en el camino al ser capaz de medir tu progreso y éxito a lo largo del mismo. Si su objetivo se establece simplemente como "convertirse en el principal agente de marketing", ¿cómo sabrá en qué punto se encuentra en su progreso para alcanzar ese objetivo? Ser capaz de medir tu progreso te ayudará a mantenerte motivado. Si no estás logrando lo suficiente, puedes averiguar dónde ajustar tu plan para alcanzar tu meta.

Las metas alcanzables son las que puedes lograr. Fijar metas que son imposibles de alcanzar no te llevará a ninguna parte. Sólo te vas a molestar por el fracaso que estaba garantizado desde el principio. Establece metas que no sean demasiado fáciles; deben desafiarte a trabajar por ellas, pero al mismo tiempo, no las hagas imposibles de alcanzar.

Las metas relevantes te ayudan a mantenerte enfocado. Piense en la dirección que quiere que tome su vida profesional o personal. Fíjese metas que se alineen con esta dirección para mantenerse enfocado y motivado para alcanzar esas metas.

Las metas cronometradas te dan una fecha límite para trabajar, y esto le da a la tarea de alcanzar esa meta un sentido de urgencia. Al establecer una fecha límite para alcanzar tu objetivo, te haces responsable de cada acción que tomes hacia ese objetivo. La responsabilidad es un gran motivador y ayuda a mantener el enfoque.

Un ejemplo de un objetivo INTELIGENTE puede ser:

"Quiero convertirme en el principal agente de marketing de la empresa asegurando X número de contratos de marketing para la empresa en los próximos X número de meses".

Específico: Sabes cuántos contratos en un período determinado necesitas para firmar por la empresa.

Medible: Puedes medir tu progreso y tu éxito por el número de contratos firmados.

Alcanzable: Puedes lograr este objetivo.

Relevante: Este objetivo es relevante para usted en el avance de su carrera en la empresa.

Oportuno: Has establecido una cantidad de tiempo específica para alcanzar este objetivo.

Objetivos por Escrito

Escribir tus objetivos los hace tangibles y así es más probable que te atengas a ellos y los alcances. No escribas los objetivos usando frases como "podría", "le gustaría" o incluso "quiere". Usa palabras y frases motivadoras, positivas y fortalecedoras como "voluntad". El uso de estas palabras de refuerzo te pone en una mentalidad más positiva sobre el logro de tu objetivo.

Por ejemplo, cambia el objetivo original a:

"Me convertiré en el principal agente de marketing de la compañía asegurando X número de contratos de marketing para la compañía en los próximos X número de meses."

Destrúyelo.

Los grandes objetivos pueden parecer desalentadores y abrumadores. Necesitas dividir tus objetivos en sub-objetivos más manejables. Refiriéndonos al ejemplo de la meta de este capítulo, desglosar esa meta significa dividir el número requerido de firmas de contratos en contratos mensuales necesarios. Luego puede desglosarlo aún más en lo que necesita hacer semanalmente para alcanzar ese número de contratos por mes.

Si necesita firmar 12 contratos en 12 meses para convertirse en el principal agente de comercialización, debe firmar un contrato por mes. ¿Qué necesitas hacer para poder asegurar un contrato por mes? Puede ser la creación de redes, una investigación de mercado mejor dirigida para obtener mejores argumentos de venta, o tal vez conocer a los posibles clientes en persona en lugar de hablar por teléfono.

Hacer un Plan

La planificación juega un papel fundamental en el logro de sus objetivos. Si no tienes un plan de acción, ¿cómo sabes qué hacer para alcanzar tu objetivo? Una vez que hayas dividido tu objetivo final en objetivos más pequeños, crea un plan. Asegúrese de que su plan sea detallado y que actúe como una guía paso a paso de lo que debe hacer y cuándo debe hacerlo.

Capítulo 4: La Importancia de Establecer Prioridades

Cuando tenemos largas listas de tareas, el número de tareas en nuestras listas puede parecer abrumador. Tienes una lista de tareas que necesitan hacerse y todas parecen igualmente importantes, pero no lo son. Priorizar las tareas ayudará a aliviar el estrés, a aumentar la productividad, a cumplir con los plazos y a ser más eficiente. Así es como funciona.

Prioriza tus tareas de acuerdo a cuatro categorías:

A. Urgente e importante
B. Importante pero no urgente
C. Sin importancia, pero urgente
D. Sin importancia y sin urgencia

Esto se conoce como el método ABCD. Le ayudará a decidir qué tareas deben hacerse primero. Otras tareas pueden dejarse para el final o, si no tienes suficiente tiempo para hacerlas todas, pueden dejarse para otro día.

Habrá días en los que tendrá más tareas de las que puede hacer ese día. Está bien, no siempre tienes que marcar hasta la última tarea de tu lista de tareas en un día. La clave es priorizar tus tareas para que hagas primero las más urgentes e importantes.

Urgencia vs. Importancia

Aunque parezcan lo mismo, hay una gran diferencia entre la urgencia y la importancia.

Urgencia: Tareas que deben ser atendidas inmediatamente

Importancia: Tareas que deben ser atendidas porque tienen consecuencias sustanciales en el futuro, pero no necesariamente necesitan su atención de inmediato

Equilibrar la urgencia y la importancia le ayudará a priorizar sus tareas y decidir con qué tareas empezar.

A – Las tareas urgentes e importantes deben ser su prioridad número uno. Son tareas que tienen consecuencias sustanciales y deben ser tratadas inmediatamente.

B – Las tareas importantes que no son urgentes se pueden hacer después de las tareas del grupo A. Tienen consecuencias sustanciales, pero pueden esperar un poco de tiempo para que usted las lleve a cabo.

C – Las tareas no importantes que son urgentes pueden no tener consecuencias sustanciales, pero deben hacerse lo antes posible.

Decidir cuándo hacer las tareas de las categorías B y C puede depender de la calificación de urgencia e importancia de cada tarea. Tendrá que tomar decisiones informadas sobre cuándo encajar estas tareas en su horario. El hecho de que una tarea no sea importante no significa que pueda esperar indefinidamente si es urgente. Una tarea que es importante pero no urgente no necesariamente tiene que ser tratada de inmediato. Por supuesto, con el paso del tiempo, las tareas pueden volverse más o menos urgentes y más o menos importantes.

D – Las tareas no importantes que no son urgentes pueden ser reajustadas a la agenda de mañana, pasado mañana, o incluso la semana que viene. A veces vale la pena eliminar por completo las tareas del grupo D de su agenda.

Necesitas categorizar las tareas diarias, semanales e incluso mensuales de acuerdo a la prioridad. Si tienes una propuesta que debe ser entregada el viernes, no deberías empezar a trabajar en ella el jueves. Comienza el lunes clasificando esa tarea en la categoría B; es importante pero no urgente. Asigne tiempo cada día para trabajar en la propuesta introduciéndola en su agenda bajo el tiempo dedicado a las tareas de la categoría B. Para el jueves, mueva la propuesta al grupo A, importante y urgente, para que esté seguro de finalizar y terminar la tarea antes de su vencimiento. Usen el mismo método para las tareas que se deben entregar más tarde en el mes o en un par de semanas. Es mejor dejar de lado un proyecto o tarea grande que dejarla hasta que tenga que tratar de completar toda la tarea de una sola vez.

Comer la Rana

Esto puede parecer una cosa extraña de decir. El dicho viene de Mark Twain: "Si tienes que comerte una rana viva, no vale la pena sentarse a mirarla durante mucho tiempo".

Lo que esto significa es que si tienes una tarea grande, importante o urgente que necesitas completar, hazla a primera hora de la mañana. Durante ese tiempo, evita prestar atención a cualquier otra cosa. El beneficio de quitarte de encima esa gran responsabilidad temprano es que te permite mantener el impulso y la motivación a lo largo del día y, a la inversa, evita que esta indeseable tarea actúe como un obstáculo para seguir avanzando.

La Falacia del Costo Hundido

Puede que hayas oído hablar o no de la falacia de los costes hundidos. Está arraigado en la psicología humana que sigamos trabajando en una tarea en la que ya hemos puesto tiempo y esfuerzo, incluso si las variables han cambiado. Por ejemplo, usted ha construido un gran barco, pero en el viaje inaugural, se produce una fuga. Sigues intentando navegar tu barco hasta el destino final mientras se hunde en lugar de cambiar a un nuevo barco.

Esta analogía se puede aplicar a la priorización. Durante el tiempo que se tarda en completar una tarea, muchas variables pueden cambiar. Aquí es donde hay que ser adaptable. Si las variables cambian y la tarea ya no se puede completar a tiempo o de una manera específica, es posible que tenga que cambiar el estado de prioridad de esa tarea. Es posible que tenga que asignarla a una fecha de vencimiento posterior y completar las tareas más importantes o urgentes antes de poder volver atrás y tratar de volver a poner en marcha esa tarea. Si se llega al límite, es posible que tengas que renunciar a esa tarea si las variables cambian y ya no es viable.

Capítulo 5: Planificación Anticipada y Listas de Tareas

Uno de los pilares vitales que apoyan la buena gestión del tiempo es la planificación. Crea un plan para cada día. Los planes deben ser elaborados con mucha anticipación. Evita revolverte por la mañana tratando de recordar lo que tienes que hacer y tratando de averiguar dónde encajar todo. Esto te permite aprovechar al máximo el tiempo que tienes durante el día. ¿Por qué trabajar por el simple hecho de trabajar cuando puedes planear con antelación y trabajar hacia un objetivo definido? La planificación te dará la dirección necesaria para hacer las cosas y hacerlas a tiempo.

La planificación está fuertemente ligada a la priorización en la gestión del tiempo. Sin priorización, no puedes planear. Sin planificación, tu priorización no significa mucho. Las dos cosas van de la mano y forman parte de las buenas habilidades de organización. ¿Ves cómo las habilidades organizativas forman parte de esta técnica de gestión del tiempo? Si no puedes organizar bien, no podrás planificar bien.

En la gestión del tiempo, la planificación comienza con una lista de tareas. Antes de que puedas empezar a planear algo, necesitas saber lo que tienes que lograr.

Hacer una Lista de Tareas Efectiva

Antes de comenzar a pensar en lo que debe hacer primero, escriba cada cosa que debe hacer en un día, independientemente de su importancia o urgencia. Usted organizará esta lista más tarde. Es importante anotar todo, incluso las tareas que no cree que necesita incluir en la lista, como comprar leche. La razón es que una lista de tareas no solo ayuda a organizar las tareas, sino que también actúa como un recordatorio de cosas que no consideramos importantes. Creemos que recordaremos las pequeñas cosas sin importancia, y luego llegamos a casa al final del día solo para descubrir que olvidamos comprar la leche.

Una vez que haya escrito todo, es hora de organizar los elementos enumerados de acuerdo con categorías tales como tareas personales, tareas domésticas y tareas relacionadas con el trabajo. Cada una de estas categorías generalmente ocupa diferentes momentos de su día. Usted no hará tareas en casa mientras está en el trabajo. La categorización de los elementos enumerados le ayuda a comenzar a imaginar qué se debe hacer y cuando.

Ahora que ha dividido sus tareas en categorías, debe priorizar esas tareas dentro de cada categoría. Organícelos según el método de priorización detallado en el capítulo anterior. Haga una lista de sus tareas, desde lo que debe hacer primero hasta lo que se puede hacer al final.

Sus listas de tareas pendientes ahora están completas; ha dividido una larga lista de cosas por hacer en categorías más pequeñas y las ha priorizado en consecuencia. Ahora puede comenzar su planificación.

De la Lista de Tareas a la Planificación

Observe su día promedio: a qué hora se levanta, a qué hora llega al trabajo, a qué hora sale del trabajo y llega a casa, a qué hora se va a la cama. Bloquee cada parte de su día de acuerdo con la mañana antes de llegar al trabajo, su día de trabajo a cada lado de su hora de almuerzo y la hora después de que salga del trabajo. Esto le ayudará a ajustar las tareas de cada categoría a la que pertenecen.

Las tareas domésticas o personales y las tareas laborales a menudo no se pueden ubicar en las franjas horarias de la misma manera que las tareas laborales. Por ejemplo, puede dedicar su primera hora de trabajo a la tarea más importante o urgente del día, quitándola del camino lo antes y lo más rápido posible. Sin embargo, si necesita recordar recoger su ropa de la tintorería para una función esa noche, no puede enumerarla a primera hora de la mañana cuando la tintorería aún está cerrada.

La planificación ahora requerirá que separe su tiempo aún más y asigne bloques de tiempo estratégicamente a tareas específicas. Asignará bloques de tiempo según su importancia, urgencia o en qué momento es mejor completar la tarea. Echemos un vistazo a un ejemplo para comprender mejor las complejidades de planificar su día.

Lista de Tareas Personales:
- Recoger la ropa de la tintorería
- Pagar el alquiler
- Comprar leche
- Carta de correo
- Hacer una cita con el dentista
- Ir al gimnasio

Lista de Tareas Pendientes:
- Presentar el plan de marketing a las 10:30 am
- Presentación del proyecto a la junta 11:00 am
- Reunión con el cliente 2:00 pm
- Proporcionar retroalimentación a Cathy
- Revisar el correo electrónico

Programa:
- **Día:** lunes
- **Fecha:** 1 de marzo de 2020

5:00 am – Su día comienza y usted empieza con el desayuno y el café. Puede usar este tiempo para revisar los correos electrónicos personales en busca de algo importante (no se deje atrapar por el correo basura o correos electrónicos sin importancia). También puede pagar su alquiler a través de la banca en línea. (Pagar su renta es urgente, pero no está restringido a una hora específica del día y puede ingresarlo rápidamente y hacerlo para que no se olvide de hacerlo más tarde).

5:45 am – Sesión de gimnasio

7:15 am – Carta de correo camino al trabajo. (Si su ruta lo lleva más allá de un buzón y no tiene que entrar en un edificio de correos, puede hacer una parada rápida y poner la carta en el buzón).

8:30 am – Llegue temprano al trabajo. (Llegar al trabajo antes de lo necesario le ofrece la oportunidad de establecerse y establecerse antes de que lleguen los demás).

8:45 am – Verifique el correo electrónico del trabajo. (Necesita programar horarios específicos del día para revisar su correo electrónico).

9:00 am – Finalice y verifique el plan de marketing para enviarlo.

10:15 am – Presentar el plan de marketing y prepararse para la presentación.

11:00 am – Presentación (Esta tarea no se puede programar para ninguna otra hora del día, excepto la hora para la que se ha establecido. No puede cambiarla en su proceso de planificación).

12:00pm – Pausa para el almuerzo y recoger la ropa de la tintorería. (Para maximizar el uso del tiempo, puede recoger su ropa de la tintorería durante la hora del almuerzo. También minimizará el riesgo de llegar tarde al trabajo y no llegar a la tintorería antes de que cierren después del trabajo. Recuerde que debe tener conciencia de su el tiempo incluye ser consciente de cómo lo que está haciendo ahora afecta su tiempo en el futuro. En este caso, recoger la ropa de la tintorería durante la hora del almuerzo impacta positivamente en su tiempo después del trabajo y evita cualquier presión posterior).

1:00 pm-2:00 pm – Ahora tiene tiempo en su día de trabajo para asignar tareas como dar a Cathy sus comentarios o volver a revisar los correos electrónicos y responder a los que no logró responder esta mañana.

2:00 pm – Reunión con el cliente. (Nuevamente, esta es una tarea que debe hacerse en un momento específico y no puede moverse en su planificación).

3:00 pm-5:00 pm – Aquí tiene otro bloque de tiempo que puede dividir en secciones más pequeñas y asignar a tareas de trabajo, como correos electrónicos o tareas que vencen en los próximos días. Por lo tanto, está obteniendo una ventaja inicial, lo que finalmente aumentará su gestión del tiempo a largo plazo. Incluso puede tomar cinco minutos y hacer esa cita dental en su lista personal de tareas pendientes si no hay nada urgente entre sus tareas laborales que deba tener prioridad.

5:00 pm – Salir del trabajo y comprar leche camino a casa.

6:30 pm – Función de cena

9:00 pm – Revise el horario de mañana antes de acostarse y haga los ajustes necesarios.

10:00 pm – Su día termina.

Este es solo un ejemplo simple de cómo podría planificar su día, utilizando sus listas de tareas como guía y asignando tareas según su urgencia, importancia o si tienen que suceder en un momento específico.

Un aspecto crucial de la planificación es hacerlo por adelantado. No intente planificar el día de mañana por la noche. Planifique un mínimo de una semana por adelantado. A veces es posible que tenga que planificar su mes con anticipación si tiene tareas que sabe que se adelantan a su fecha de vencimiento o si necesita establecer un plan de fijación de metas de mediano a largo plazo. Cuanto mejor sea su planificación, mejor será su gestión del tiempo. Cuanto más adelantado, dentro de lo razonable, su planificación, más clara será su visión de su cronograma de gestión del tiempo en el futuro.

Capítulo 6: El Enfoque y la Concentración Son Vitales

Puede tener un gran sistema para administrar su tiempo de manera más efectiva, pero sin la capacidad de concentrarse, todo será en vano.

¿Con qué frecuencia durante el día encuentra sus pensamientos vagando o siendo arrastrados en varias direcciones diferentes a la vez? ¿Tiene dificultades para controlar sus pensamientos y mantener el enfoque en la tarea en cuestión? Si la respuesta es "sí", es posible que deba trabajar en su capacidad de concentración.

Centrarse únicamente en la tarea en cuestión, a la que ha dedicado una cantidad específica de tiempo, es crucial para hacer las cosas de manera efectiva y eficiente. Piense en caballos de trabajo que a menudo usan anteojeras para protegerlos de las distracciones. Eso no quiere decir que deba comenzar a usar anteojeras grandes y de aspecto extraño, pero el concepto es sólido para la gestión del tiempo. Cuanto mejor se centre, más trabajo podrá realizar en un período de tiempo determinado, aumentará su creatividad y resolución de problemas, y mejorará su calidad de trabajo. Puede emplear el concepto de varias maneras simples.

Apagar las Distracciones

Las distracciones, por más inofensivas que parezcan a veces, son bandidos notorios que succionan el tiempo. Se escabullen y nos roban el tiempo, a veces sin que nos demos cuenta. Las distracciones adoptan muchas formas, desde colegas de trabajo, llamadas telefónicas, correos electrónicos, redes sociales, la lista es casi interminable. Cuando permitimos que las distracciones se entrometan, rompen nuestro enfoque, dispersan nuestros pensamientos y detienen nuestra productividad. Al romper nuestro enfoque, las distracciones rompen el impulso que creamos cuando nos enfocamos en una tarea.

La mente es una cosa maravillosa. Incluso cuando usted cree que se está enfocando activamente en la tarea, hay partes de tu mente que funcionan en segundo plano. Estos procesos de pensamiento de fondo a menudo conducen a esos momentos "aha", ideas y soluciones a los problemas. Cuando su concentración y enfoque se rompen, debe comenzar de nuevo y reconstruir ese impulso. Su mente tiene que comenzar a colocar todas las piezas en su lugar antes de que pueda despegar donde te interrumpieron. Todo esto disminuye su eficacia, eficiencia y productividad, lo que significa que usted puede hacer menos.

Bloquear su Tiempo

Cuando necesite concentrarse en una tarea o proyecto, intente bloquear períodos de tiempo. Dedique un bloque de tiempo a una tarea específica. Esto le proporciona un período de tiempo durante el cual no toca ni piensa en ninguna otra tarea. Su único enfoque es esa tarea en particular, para ese bloque de tiempo en particular. Esto le permite enfocarse más plenamente y un mejor enfoque significa hacer las cosas de manera más rápida y efectiva.

Control del Pensamiento

Bien, usted ha bloqueado algo de tiempo para una tarea, ha bloqueado las distracciones y está listo para atarle y hacerlo. Sin embargo, ¿qué pasa con esos molestos pensamientos que se entrometen al azar? Tal vez se pregunte qué preparar para la cena o si necesita recordar comprar leche. Todos tenemos estos pequeños pensamientos intrusos que no tienen relación alguna con lo que estamos tratando de hacer.

Para lidiar con estas intrusiones de pensamiento, debe reconocer el pensamiento. Si aún no lo tiene escrito y es un pensamiento importante, escríbalo. Después de reconocer el pensamiento, sácalo de tu mente, déjalo ir y vuelve a concentrarte en la tarea en la que estás trabajando. Tomará práctica, pero pronto podrá despejar su mente de pensamientos irrelevantes y evitar que se entrometan sin ningún esfuerzo consciente.

Técnica Pomodoro

Ya sea que le resulte difícil concentrarse continuamente durante largos períodos de tiempo o pierda la noción del tiempo que ha bloqueado las tareas y termine atropellado, la técnica Pomodoro es una solución ideal. Este método de gestión del tiempo divide su tiempo en fragmentos más pequeños y manejables.

Configure un temporizador para alrededor de 25 minutos, o el tiempo que pueda concentrarse cómodamente sin que su eficacia y productividad comiencen a sufrir. Durante el período en que el temporizador está funcionando, trabaje duro y concéntrese en la tarea en cuestión. Una vez que el temporizador se apaga, deténgase y tome un breve descanso de no más de cinco minutos. Después de su descanso, repita el proceso nuevamente. Para cuando complete su cuarta ronda de trabajo cronometrado, tome un descanso más largo de hasta 30 minutos.

Este método es efectivo para entrenar a su cerebro para que trabaje duro y se concentre bien por períodos cortos de tiempo. Los descansos cortos en el medio le dan a su mente la oportunidad de sacudirse las cosas, estirar sus músculos pensantes y luego volver al trabajo sintiéndose más fresco. Evitará forzar la mente hasta el agotamiento mental y, por lo tanto, mejorará su productividad y eficiencia.

Periodos de Máxima Actividad

Todos tienen períodos de máximo rendimiento durante el día. Para usted, puede ser por la mañana o tal vez por la tarde. Para capitalizar su enfoque, descubra su período de máximo rendimiento durante el día. Dedique ese período del día a sus tareas más importantes y centradas.

Capítulo 7: Consejos para Eliminar las Distracciones de Tiempo

Las distracciones son una de las formas más fáciles de descarrilar su plan de gestión del tiempo diario. Debe reconocer sus debilidades de distracción y aprender a eliminarlas para aumentar su gestión del tiempo.

Una de las mayores fuentes de distracción en el lugar de trabajo puede provenir de sus colegas o miembros subordinados del personal. Cuando necesite concentrarse en una tarea importante o urgente, debe ponerse en un modo de trabajo sin distracciones. Desarrolle hábitos que le digan a los demás que está en la zona y que no quiere distraerse a menos que sea una emergencia.

Cree el Ambiente Adecuado

Lo primero que debe hacer es aprender a cerrar la puerta de su oficina. Una puerta cerrada crea automáticamente una barrera entre usted y el mundo exterior. También actúa como un elemento disuasorio para que otros entren en el espacio de su oficina por capricho para hacer preguntas, tener discusiones relacionadas con el trabajo que no son apremiantes o simplemente tener una conversación informal.

Si trabaja en un espacio de oficina abierto, lo que puede ser realmente una distracción cuando escucha a sus compañeros de trabajo hablar o hacer ruido, intente mudarse a un espacio más tranquilo. Si no hay un espacio más silencioso disponible, puede intentar ponerse auriculares con cancelación de ruido. Siempre mantenga a los superiores en el circuito y hágales saber que, si le ven con los auriculares puestos, es para eliminar las distracciones y ayudarle a concentrarse en la tarea en cuestión.

Menos Tiempo, Menos Distracción

Establezca límites de tiempo más cortos pero manejables en el trabajo. Cuando nos damos demasiado tiempo para completar una tarea, tendemos a enfocarnos en cuánto tiempo nos queda, en lugar de hacer el trabajo. Esto puede provocar distracciones en lugar de evitarlas.

Menos Estrés, Más Concentración

Controlar sus niveles de estrés es una buena manera de evitar la tentación de las distracciones. El estrés nos hace sentir abrumados. Cuando estamos abrumados, es más difícil mantener la concentración y es más probable que seamos víctimas de intrusiones y distracciones. Disminuya su estrés para un mejor enfoque y resistencia contra las distracciones.

Sea Breve

Si va a tomar descansos cortos entre períodos de concentración intensa, asegúrese de que no duren más de cinco minutos. ¿Por qué? Cinco minutos no son suficientes para dejarse atrapar por las redes sociales, los mensajes u otras distracciones. Es lo suficientemente largo como para estirar las piernas, tomar una copa o tomar un refrigerio y darle un respiro rápido a su mente.

Gadgets, Redes Sociales y Notificaciones

Vivimos en un mundo de tecnología, y a veces eso no es algo bueno. Tenemos nuestros dedos en el pulso de todo: redes sociales, noticias, correos electrónicos. Cuando intenta concentrarse en una tarea, no necesita tener el dedo en ese pulso.

Ponga el teléfono en silencio si no puede apagarlo por completo, para que las llamadas y notificaciones sobre mensajes, correos electrónicos, etc. no le distraigan.

Dígale a su secretaria que retenga sus llamadas o ponga el teléfono de su oficina en el correo de voz. Puede responder a las llamadas perdidas cuando haya terminado de enfocar.

Manténgase alejado de las redes sociales y no revise su correo electrónico durante el tiempo que ha dedicado a la tarea.

Evite la tentación de ir a páginas web no relacionadas y artículos de noticias que siguen a cualquier investigación que esté haciendo. Una vez que tenga la información necesaria, cierre su navegador y no se sienta tentado a leer artículos relacionados y pierda el tiempo releyendo la misma información que está redactada de manera diferente.

Desactive las notificaciones de escritorio para mensajería instantánea, correo electrónico y otras posibles ventanas emergentes de mensajes.

Trabaje en pantalla completa si es posible. Esto elimina las distracciones de poder ver otras ventanas abiertas, pestañas y su escritorio, cualquier cosa en su computadora que pueda distraerlo y romper su enfoque.

Programe tiempo para revisar su correo electrónico. Puede ser tentador y molesto seguir revisando su correo electrónico constantemente.

Limite las reuniones improvisadas con colegas fuera del tiempo que bloquea para tareas importantes y manténgalas cortas y dulces. Si un cliente llega inesperadamente, sea educado, pero haga saber que solo puede verlo por un período corto.

Capítulo 8: La Importancia de la Delegación de Tareas

Vivimos en un mundo que codicia la independencia y venera el dicho "Si quieres que algo se haga bien, hazlo tú mismo". Sin embargo, cuando se trata de la gestión del tiempo, este no es siempre el camino correcto.

A medida que nuestro mundo y nuestras vidas se vuelven cada vez más ocupadas, nuestros platos se llenan de tareas diarias que deben realizarse. Incluso si es realmente bueno en la gestión del tiempo, no siempre habrá suficiente tiempo para hacer todo usted mismo. Debe introducir la delegación en su sistema de gestión del tiempo. No está tirando la toalla, solo está usando una técnica inteligente para hacer las cosas de manera más eficiente.

La delegación es un aspecto clave de la buena gestión del tiempo. Si tiene numerosas tareas más pequeñas que necesitan atención, pero también algunas tareas grandes o importantes que requieren su atención, podría terminar presionado por el tiempo. Delegar tareas a otros, ya sea personal que trabaje con usted o colegas que trabajan en el mismo proyecto, puede minimizar lo que ha acumulado en su plato. Esto le permite concentrarse en las tareas más importantes, progresar con ellas, mientras que las tareas más pequeñas todavía se están haciendo también. Su productividad y eficiencia han aumentado, todo se hace al final del día y sus niveles de estrés lo agradecerán.

Antes de comenzar a repartir tareas a otros, hay una consideración. No puede delegar una tarea a cualquiera que parezca que tiene tiempo libre para ocuparse de ella. Tampoco puede acumular responsabilidades en otro plato que también se desborda. La delegación es un arte que aprenderá a través de la experiencia y la práctica, para saber a quién delegar qué y cuándo.

Cuando delegue una tarea, tenga en cuenta:

- Siempre asigne la tarea delegada a alguien que sea capaz, en un nivel apropiado para manejar la tarea y motivado para completarla.
- Proporcione claridad sobre la tarea que se delega para que no haya una falta de comunicación. Asegúrese de que la persona a la que delega entienda lo que debe hacerse.
- Si la tarea delegada no es necesariamente rápida y simple, acuerde un cronograma de verificación del progreso de la tarea para asegurarse de que se mantenga en el camino correcto. Cíñase a esos seguimientos.
- Asegúrese de que la persona que se hace cargo de la tarea tenga acceso a los recursos necesarios para completarla.

Aquí hay algunos otros consejos para una delegación exitosa.

Estar Involucrado

Delegar no significa dejar una tarea en el regazo de alguien y alejarse por completo. Como superior que está delegando a un subordinado, debe mantener la participación para estar atento al progreso realizado. Mantenga un canal abierto de comunicación y permita que el miembro del personal asuma la responsabilidad. Controle lo que se está haciendo, ya que en última instancia sigue siendo responsable del éxito o el fracaso de la tarea.

Delegar de Abajo Hacia Arriba

No delegue a la primera persona bajo su autoridad que sea capaz de realizar la tarea. Delegue la tarea al nivel más bajo donde la tarea se pueda completar con éxito. Al hacer esto, está haciendo que la delegación cumpla una doble función. Está quitando la responsabilidad de su plato (y los platos de aquellos que también deben enfocarse en responsabilidades de alto nivel), pero también está permitiendo que se desarrollen miembros subordinados del personal.

Autoridad

Al delegar una tarea, asegúrese de que a la persona que se hace cargo se le otorgue la autoridad, el control, los recursos y el reconocimiento necesarios de la delegación para que se realice con éxito.

No Nombrar y Avergonzar

La delegación conlleva el riesgo de que algo salga mal. Cuando va bien, debe proporcionar crédito donde se debe. Cuando sale mal, retenga la culpa, informe al miembro del personal y, cuando sea posible, ayude a comprender qué salió mal y cómo aprender de él.

No Reabsorba el Trabajo Delegado

Puede ser tentador recuperar el trabajo que ha delegado cuando esa persona solicita ayuda o consejo. No lo haga Trate de no proporcionar las respuestas directamente. Dirija a su compañero de trabajo en la dirección correcta o proporcione comentarios, pero no haga el trabajo por ellos. No delegaste la tarea solo para terminar haciendo la mayor parte de ella usted mismo de todos modos.

La Consistencia es Clave

La delegación no es una forma de salir de las tareas que no le gustan. Debe delegar constantemente, ya sea que esté sobrecargado o no, para mantener el impulso de involucrar y desarrollar miembros subordinados del personal en la empresa. También ayuda a aligerar su carga para que no pierda oportunidades que de otra manera podrían pasar desapercibidas cuando está constantemente ocupado.

Capítulo 9: Aprender a Decir No

¿Con qué frecuencia dice que no cuando alguien le pide que haga algo por ellos? Es probable que no esté empleando esta técnica lo suficiente como para ayudar a fortalecer su sistema de gestión del tiempo. Planificar, organizar, priorizar e incluso delegar no ayuda cuando se sobrecarga su agenda. Decir "no" realmente puede ayudarle a salir adelante cuando se trata de administrar su tiempo de manera efectiva, y aquí está el por qué y cómo hacerlo.

Decir que no ahorra tiempo. Eso es lo breve y dulce de todo. Cuanto menos tenga en su horario, más tiempo tendrá para dedicarlo a las cosas realmente importantes que lo ayudarán a alcanzar sus metas. Cuando usted está abrumado, su productividad, eficiencia y calidad de trabajo sufren. Tener demasiadas cosas en su plato también aumenta sus niveles de estrés, lo que afecta su capacidad para concentrarse en tareas importantes. No estoy diciendo que deba decir que no a todos y a todo, pero debe aprender cuándo y cómo negarse a hacer lo que le pide otra persona.

Antes de aprender a decir que no, debe considerar por qué sigue diciendo "sí", incluso cuando no puede permitírselo. ¿Es porque se sientes culpable por haber decepcionado a alguien? ¿Es porque quieres complacer a todos, a veces, aunque sea en tu propio detrimento? Debe identificar la razón por la que no dice no y aprender a superar su culpa o su naturaleza perpetua que agrada a las personas. Ese es el primer paso.

¿Qué pasa con todas esas personas que no aceptarán un no por respuesta, que le siguen molestando y preguntando una y otra vez? ¿Qué sucede? ¿Finalmente usted cede y dice que sí? ¿Por qué le siguen acosando hasta que dice que sí? La respuesta puede ser más simple de lo que usted piensa. Puede ser el resultado de lo que les está diciendo. Puede estar dejando la puerta abierta y dándoles la esperanza de que estará de acuerdo. Aquí hay algunas respuestas comunes que dejan la puerta abierta para que la gente vuelva una y otra vez.

- Déjame revisar mi calendario.

- Veamos qué sucede/si tengo tiempo/etc.
- Quizás...
- Lo pensaré.
- Déjame contactarte sobre eso.

¿Ve cómo todas estas respuestas no son realmente un rechazo? Está mostrando su disposición a cumplir, incluso si no es un sí definitivo. Esto lleva a las personas a creer que pueden persuadirlo, o tal vez simplemente cansarlo por fastidiar, a hacer lo que le piden. Deje de dar respuestas vagas; es un sí o un no.

Decidir cuándo rechazar una solicitud requiere que se haga un par de preguntas clave.

- ¿Puedo manejar esto?
- ¿Es esto importante?
- ¿Cómo afectará esto a mi gestión del tiempo en relación con otras tareas más importantes?
- ¿Tomar tiempo para hacer esto me ayuda a alcanzar mis metas?

Si responde sí o no a la solicitud dependerá de las respuestas que proporcione a cada una de estas preguntas. Si cumplir le estresará, no es importante, no le ayuda a alcanzar tus metas o afectará negativamente sus otras tareas importantes, es hora de decir que no.

Decir que no, no tiene que ser duro. Puede defraudar a los demás con suavidad y cortesía sin dejar de mantenerte firme. Estos son solo algunos ejemplos de posibles respuestas que pueden modificarse para satisfacer sus necesidades, o puede usarlas como base para desarrollar sus propias respuestas al rechazar una solicitud.

- Gracias por la invitación. Aprecio el pensamiento, pero realmente debo declinar.
- Me encantaría, pero mi horario está lleno. Realmente no puedo meter nada más.
- Parece una gran oportunidad, pero no puedo. Mi proyecto necesita toda mi atención.

- Eso es muy tentador. Me gusta dar el 100% a cualquier cosa con la que me comprometo y en este momento no puedo darlo todo. Tengo que pasar de eso.

Si las personas están habituadas a usted y siempre están de acuerdo con sus demandas, les llevará un tiempo darse cuenta de que se toma en serio decir que no y acostumbrarse. Prepárese para ser molestado para cambiar de opinión y para mantenerse firme mientras tanto. Recuerde siempre que decir no, no es un acto de egoísmo, es un acto de bondad hacia usted mismo.

Capítulo 10: Los Pros y los Contras de la Multitarea

Multitarea o no multitarea, esa es la cuestión cuando se trata de una gestión eficaz del tiempo. Si busca en Google la pregunta de si debe realizar múltiples tareas para una buena gestión del tiempo, encontrará una variedad de artículos de blog escritos por autores de ambos lados de esa cerca. Algunos dirán que es la raíz de la mala gestión del tiempo y que centrarse únicamente en una tarea a la vez es el único camino a seguir. Otros abogarán por su utilidad para hacer más en un período determinado de tiempo. La verdad es que la multitarea tiene sus pros y sus contras. Puede funcionar para algunas personas y no para otras. Puede haber ocasiones en que sea aplicable y otras en que no lo sea. Veamos las ventajas y desventajas de la multitarea para tomar decisiones mejor informadas sobre cuándo hacerlo y cuándo evitarlo.

Pro: Eficiencia y Productividad

No todas las tareas en su agenda diaria lo ayudarán a alcanzar una meta o generar ingresos para su negocio. Hay una variedad de estas tareas; a menudo son serviles y deben hacerse para facilitar otras tareas. Cuando tiene varias tareas más pequeñas y menos importantes que tiene que completar, vale la pena considerar hacerlas todas en el mismo bloque de tiempo, o multitarea. Al agrupar esas tareas y hacerlas en un espacio de tiempo compartido, las está eliminando del camino más rápidamente. Esto libera tiempo para tareas más importantes, lo que aumenta su productividad donde es importante.

Pro: Adaptabilidad y Flexibilidad

La adaptabilidad es una habilidad importante que usted debe dominar cuando trata de mejorar su gestión del tiempo. La multitarea puede ayudarle a enseñarle a ser más adaptable y más flexible. La multitarea es mentalmente exigente, realiza un seguimiento de varias tareas y cambia entre ellas sin perder el ritmo.

Esto entrena tu mente para ser flexible cuando se enfoca y le enseña a adaptarte rápidamente a diferentes situaciones sin confusión.

Contra: Calidad Disminuida

La multitarea es un juego de ritmo rápido para jugar. Con la rapidez viene la posibilidad de errores y una disminución en la calidad general del trabajo. Si bien puede aumentar la eficiencia y la productividad, es una línea muy fina para caminar. Debe tener cuidado de no ser demasiado apresurado, distraído o descuidado para afectar la calidad de su trabajo.

Contra: Distracciones Multitarea

Si bien la multitarea puede ayudar a construir adaptabilidad y flexibilidad en el enfoque y la mente, también puede ser una gran distracción. Tratar de realizar un seguimiento de múltiples tareas al mismo tiempo, saltar de una a la siguiente y luego de regreso a otra, divide su enfoque inherentemente. Mientras realiza múltiples tareas, se encuentra en un estado de distracción constante y este estado puede volverse crónico. Solo toma alrededor de dos a tres semanas desarrollar un hábito. La multitarea podría convertirse en un hábito que lo deja en un estado constante de distracción crónica en el que no puede concentrarse únicamente en una sola tarea en un momento dado. Por lo tanto, es importante tener precaución cuando se realizan múltiples tareas para evitar que se convierta en un estado mental de distracción constante.

Contra: Problemas de Postergación

La multitarea entre tareas más pequeñas y más serviles puede parecer atractiva para eliminar un montón de tareas más pequeñas del camino más rápidamente. Sin embargo, la multitarea también puede llevar a la postergación. Mientras hacemos múltiples tareas, podemos perder de vista nuestras prioridades y asignar erróneamente prioridad a las tareas incorrectas. También confiamos en que podemos lograr muchas cosas en el mismo período de tiempo y terminar posponiendo las cosas. Con el tiempo, la multitarea puede llevar a plazos vencidos, instrucciones pasadas por alto y varios otros problemas porque es mentalmente exigente y causa fatiga. La fatiga mental disminuye su precisión, eficiencia y productividad.

Falsa Confianza

La multitarea puede brindar una gran sensación de logro. Algunas veces esa sensación de logro es completamente falsa. Por lo general, relegamos las tareas más pequeñas y simples a la multitarea. Por lo tanto, dentro de nuestra jornada laboral, podemos realizar una gran cantidad de tareas pequeñas y no vitales para varios proyectos grandes y sentir que hemos logrado un progreso real. La verdad es que, a pesar de todo el esfuerzo y el tiempo invertidos en el trabajo, no se han realizado grandes avances. Todo lo que hemos estado haciendo son muchas pequeñas cosas que realmente no nos han acercado más a completar ninguno de los proyectos.

Capítulo 11: La Importancia del Auto-Cuidado

El auto-cuidado se refiere al cuidado de su bienestar físico, emocional y mental. De alguna manera, el buen manejo del tiempo puede verse como una forma de auto-cuidado. Cuando usted es capaz de controlarse a usted mismo y a su tiempo de manera más efectiva y eficiente, reduce la cantidad de estrés que experimentas.

El auto-cuidado es una parte importante para mantener una buena gestión del tiempo. Cuando está cansado, enfermo, sin energía, estresado, emocionalmente agotado, no apto o, en general, no tan saludable como podría estar, su gestión del tiempo se verá afectada. Todas estas cosas contribuyen a:

- El mal desempeño laboral
- Fatiga mental
- Inestabilidad emocional
- Pobre enfoque
- Sentirse abrumado
- Perturbaciones del sueño
- Aumento de los niveles de estrés
- Toma de decisiones deficiente
- Fechas límite no cumplidas
- Detalles olvidados
- El olvido

El problema es que a menudo pasamos por alto el auto-cuidado. Estamos tan ocupados, nuestras vidas tan frenéticas, que perdemos la importancia de tomar ese tiempo para nosotros mismos. A menudo vemos otras prioridades como más importantes. Sin embargo, es hora de detener esa forma de pensar y aprender a priorizarse.

Para mantenerse al tanto de su juego, aquí hay algunos consejos sobre cómo cuidarse para impulsar su gestión del tiempo.

Coma una dieta saludable para proporcionar a su cuerpo toda la nutrición y energía que necesita para funcionar de manera óptima. No solo su cuerpo necesita alimentos nutritivos, su cerebro también se beneficia de una alimentación saludable.

Haga ejercicio para mantener su cuerpo en forma y saludable. El ejercicio también ayuda a energizarlo y a aliviar el estrés mediante la liberación de endorfinas, el refuerzo natural del estado de ánimo de su cuerpo.

Duerma lo suficiente porque su cuerpo y su mente funcionan mejor cuando están bien descansados. Dormir de siete a nueve horas por noche es la cantidad recomendada de sueño para un adulto sano.

Disfrute de un pasatiempo que le brinde una sensación de propósito personal y satisfacción en su tiempo libre. Los pasatiempos pueden ser reconfortantes y relajantes, y la sensación de logro que sentimos de ellos puede ayudar a aumentar la confianza y la felicidad en general.

Tómese un tiempo tranquilo regularmente. Tomarse un tiempo personal para estar solo, relajarse y calmar su mente es fundamental para aliviar el estrés. Este es el momento para usted. Algunas ideas para momentos de tranquilidad pueden ser leer un libro, escuchar música, disfrutar de un tratamiento de spa en el hogar o meditar. Encuentre algo que disfrute haciendo y que le permita calmar su mente de todos los pensamientos frenéticos relacionados con el trabajo y la vida.

Pase tiempo con amigos y seres queridos. Los amigos y la familia son un importante sistema de apoyo que debe mantenerse. Las personas que amas y en las que confías pueden ofrecerte un apoyo vital emocional y mental y moral cuando más lo necesita. Pasar tiempo con ellos también fortalece las relaciones y reduce el estrés.

Salga para tomar un poco de aire fresco y sol. Estar al aire libre ayuda a reducir el estrés, y la exposición a la luz solar desencadena la producción natural de vitamina D del cuerpo.

Use afirmaciones positivas a diario. Usted puede pegar notas en su espejo para que pueda mirar su reflejo y recitar afirmaciones para crear una actitud positiva. Afirmarse aumenta la confianza, la positividad y la felicidad.

Cuando se sienta abrumado o estresado en una situación, tómese un momento para calmar su mente. Los ejercicios de respiración son

una excelente opción para calmarse y reiniciar su mente para que
pueda abordar la situación con un mejor estado de ánimo.

Conclusión

La gestión del tiempo no es solo un mito o un truco truculento, es un concepto vital que todos deberían emplear en sus vidas. Administrarse a sí mismo y el tiempo que tiene a su disposición afecta su vida de manera integral. Mejora no solo su vida profesional sino también su vida personal, sus relaciones y su bienestar general.

La base de la gestión eficaz del tiempo es el desarrollo de tres habilidades fundamentales. Necesita saber cómo adaptarse al cambio. Debe aprender a ser consciente de usted mismo, de su entorno, de sus pensamientos, sus acciones y de dónde va su tiempo. Debe dominar las habilidades de organización para mantener todo en orden.

Una vez que haya establecido las bases, es fácil aprender a utilizar las técnicas que forman los pilares que respaldan un buen plan de gestión del tiempo.

- Establezca objetivos que sean INTELIGENTES.
- Priorice sus objetivos y tareas.
- Planifique cómo va a lograr sus objetivos o completar las tareas.
- Concéntrese entrenando su mente y creando un ambiente propicio para la concentración.
- Aprenda a delegar.
- Aprenda a decir no.
- Aprenda cuándo y cómo realizar múltiples tareas y cuándo no debe hacerlo.
- Elimine las distracciones que podrían estar robándole tiempo.
- Tómese el tiempo para cuidarse. Recuerde hacer de usted mismo una prioridad.

En este libro, le he proporcionado toda la información necesaria y lo he equipado con las herramientas que necesita para mejorar su gestión del tiempo. Haga uso de la información y las herramientas proporcionadas y tendrá la garantía de disfrutar de los beneficios de una gestión exitosa del tiempo, como por ejemplo:

- Reducción del estrés
- Mejora de la calidad del trabajo
- Mayores oportunidades de ascenso y reconocimiento
- Un impulso en la eficiencia y la productividad
- Hacer las cosas en menos tiempo
- Liberar el tiempo para el ocio o trabajar en objetivos importantes

La gestión eficaz del tiempo es fácil de implementar en su vida. No le va a incomodar; todo lo contrario. Manejarse bien contribuirá a su satisfacción general con la vida. Se trata de un impulso. Se necesita un cierto compromiso para iniciar, mantener y formar los hábitos necesarios para apoyar la buena gestión del tiempo, pero una vez que se han formado los hábitos, están allí para siempre. Nadie puede quitarle ese conocimiento o esos hábitos, pero pueden verle alcanzar el éxito a través de una gestión constante del tiempo. ¿Entonces, qué está esperando? ¡Comience a trabajar para mejorar su gestión del tiempo para una vida mejor, más feliz y más productiva!

**Si disfrutó este libro de alguna manera,
¡una opinión honesta siempre es apreciada!**